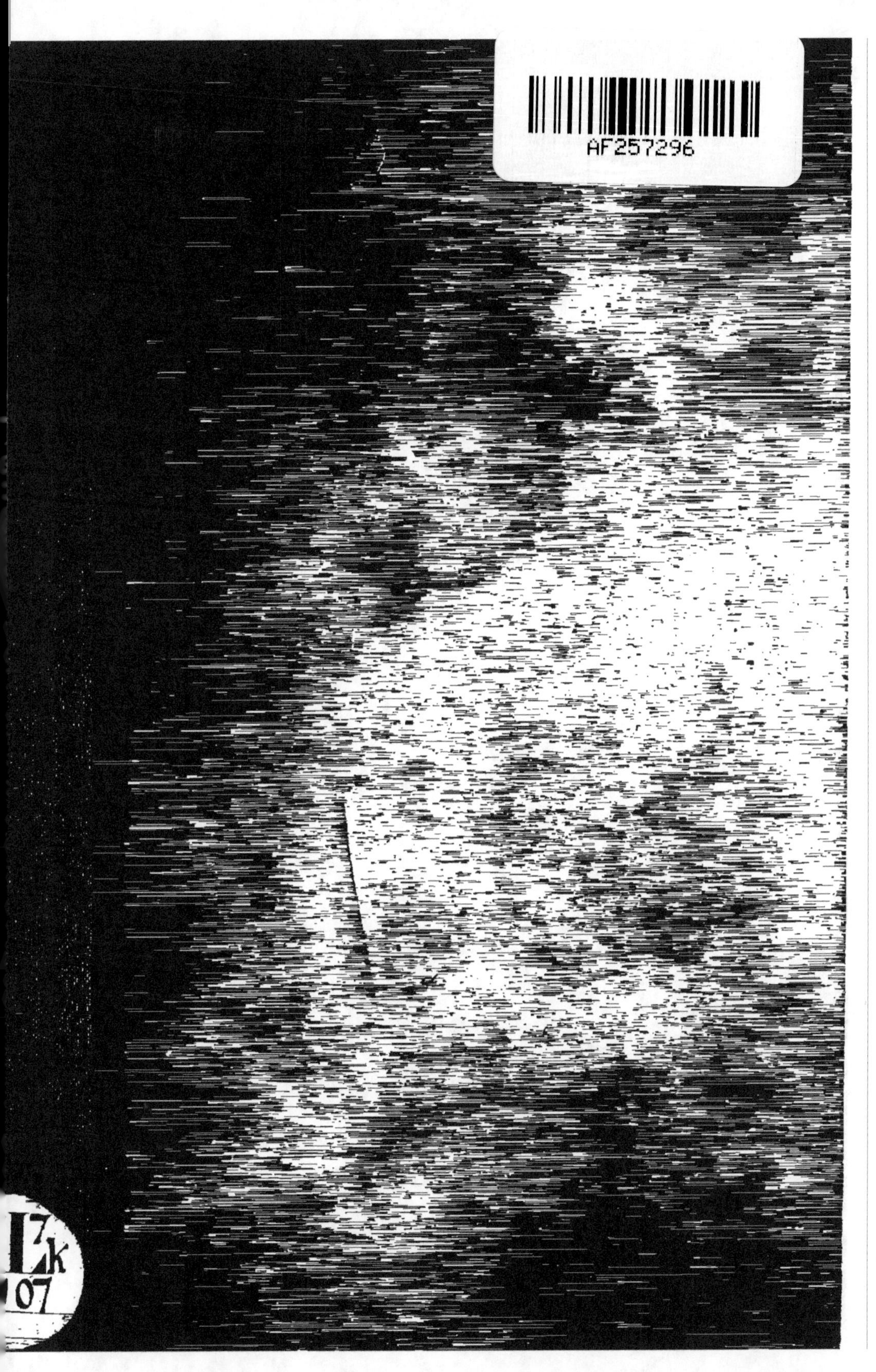
AF257296

NOTICE

SUR

L'ILE-BARBE,

PRÈS DE LYON.

NOTICE

GÉOGRAPHIQUE ET HISTORIQUE

SUR

L'ILE-BARBE,

PRÈS DE LYON;

Suivie du Catalogue des Manuscrits de la Bibliothèque rassemblée dans cette île, par CHARLEMAGNE ; *et extraite d'un Voyage* inédit *dans les départemens méridionaux.*

PAR NARCISSE PERRIN, de Lyon.

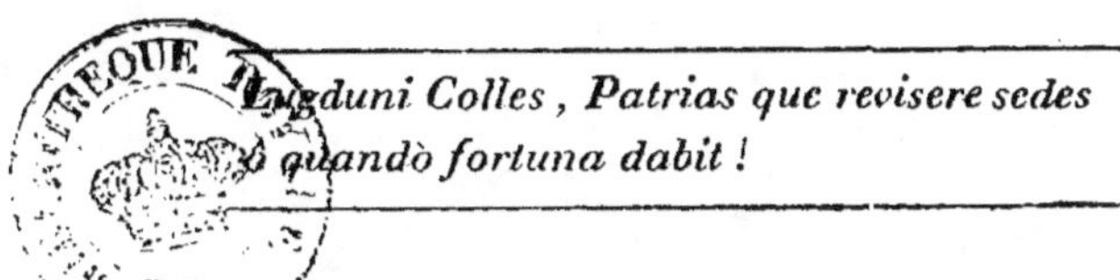

Lugduni Colles, Patrias que revisere sedes
Ô quandò fortuna dabit !

A PARIS,

DE L'IMPRIMERIE DE E.-N. GOESTCHY,
Rue du Faubourg Saint-Martin, n°. 65.

1820.

PRÉFACE.

J'ai long-tems balancé avant d'écrire sur l'Ile-Barbe. Un coin de terre inconnu à Paris, me disais-je, mérite-t-il qu'on s'en occupe d'une manière spéciale? Cependant au milieu de mon incertitude, une réflexion est venue m'enhardir; j'ai pensé que ce n'était point seulement pour les lecteurs parisiens, mais bien pour mon pays que je prenais la plume. Le grand nom de Charlemagne, qui avait choisi cette île pour sa dernière résidence, m'a décidé ; et j'ose soumettre au public quelques notes prises sur les lieux. *De Rubys*, *Paradin*, *Le Laboureur*, *Colonia*, ont été mes autorités pour l'histoire du lieu, surtout le troisième, qui a publié son ouvrage intitulé : *Mazures de l'Ile-Barbe*, d'après des chartes originales et des manuscrits de la bibliothèque de l'abbaye dont il était prieur.

Je dois à M. Cavenne, ingénieur en chef des ponts et chaussées dans le département du Rhône, le plan que je joins à cette notice; il est réduit avec soin, d'après celui que ce savant ingénieur a bien voulu me communiquer avec cette obligeance à laquelle on reconnaît toujours le véritable mérite. M. Cavenne a bien voulu aussi me faire part de ses propres recherches et de ses travaux, et je me plais à lui en témoigner ici toute ma gratitude.

Je ne ne dois point oublier non plus de citer ici M. Cochard, avocat, ancien conseiller de Préfecture du département du Rhône et président de l'académie de Lyon ; son excellent ouvrage, intitulé *Description historique de Lyon*, m'a fourni des renseignemens précieux, et je le prie d'en recevoir mes remercîmens.

Cette notice est insérée en partie dans le *Journal des Voyages* (1). Je désire qu'elle ne dépare pas l'un des meilleurs ouvrages périodiques qui se publient aujourd'hui à Paris.

---

(1) *Journal des Voyages, Découvertes et Navigations mordernes*, ou *Archives géographiques du 19ᵉ siècle*; par une Société de Géographes et de Voyageurs français et étrangers, et publié par M. Verneur, chef de Bureau à la Préfecture de la Seine. — A Paris, chez *Colnet*, libraire, quai Malaquai, N° 9. Prix, 30 f. par an pour Paris, et 33 f. pour les Départemens, franc de port.

NOTICE

GÉOGRAPHIQUE ET HISTORIQUE

SUR

L'ILE-BARBE,

PRÉS DE LYON.

Avant de quitter Lyon, peut-être pour toujours, je voulus visiter encore une fois cette Ile-Barbe, où j'avais goûté tant de plaisirs quelques années auparavant; séjour des fêtes, théâtre de la gaîté lyonnaise, à ces deux époques où le plaisir et l'aimable folie y appèlent les habitans de cette grande ville. Ce sont les Lundis et Mardis de Pâques et de la Pentecôte. L'origine de ces fêtes se cache dans la nuit des tems; cependant voici ce qu'on en sait : Ces fêtes ne furent pas dans les premiers tems bornées à ces deux époques ; il y en avait plusieurs dans l'année (1), entr'autres le jour de l'Ascension. Ce furent d'abord des fêtes de dévotion qui, dans la suite, dégénérèrent en divertissemens populaires. La fête de l'Ascension était celle qui y attirait le plus de monde ; elle fut la principale de l'île. La maison du *Mont-d'Or* avait droit ce jour-là d'exposer au peuple (parmi les autres reliques de l'église), un cor d'ivoire, qu'on assurait, d'après la tradition, avoir appartenu au fameux paladin *Roland* (2), et le

---

(1) *Voyez* l'enquête de 1551, sur la bulle de fulmination relative à la sécularisation de l'abbaye.

(2) M. Desgoultes de Vaugnéray, héritier des *Mont-d'Or*, possède le cor.

chef de la famille du *Mont-d'Or* était autorisé, par l'usage, à prendre deux *emboutées* (poignées) de l'argent offert en l'honneur des reliques, et qu'il distribuait ensuite aux pauvres. Cet usage a duré jusqu'en 1562, que l'abbaye ayant été pillée par les calvinistes, ce cor demeura de longues années caché dans un coin secret du monastère (1).

Par la suite, la fête du jour de l'Ascension a cessé, mais on a conservé l'habitude de faire des parties de plaisir à l'île, à Pâques et à la Pentecôte. *De Rubys* nous apprend que ce même jour le maître des ponts et ses gardes, les sergens du Roi, conduits par quelques-uns des magistrats de service, allaient à l'Ile-Barbe par eau, armés et embâtonnés avec enseigne et tambourins, poser une enseigne aux armes de France sur la Saône, pour annoncer qu'elle dépendait du royaume de France, et ils otaient l'écusson de Savoie, que les officiers de la Bresse y avaient posé la nuit précédente, » *et faisaient les gardes et les* » *sergens à l'envie à qui auroit le plus beau et plus artifi-* » *ciel bateau, et puis s'en revenaient dans leurs bateaux,* » *avec tant de bruit de tambourins, fifres, trompettes,* » *clairons, cornets à bouquins, et tant d'artifices de* » *feux, canonades et pétards, qu'il semblait que la* » *rivière de Saône fût un nouveau mont Gibel.*» Cette fête avait encore lieu dans le 16e siècle.

A Lyon, le goût des promenades sur l'eau est très-répandu ; c'est pour le satisfaire que des batelets sont toujours prêts à recevoir les personnes qui desirent jouir de ce plaisir. Ces batelets se nomment *beches* ; ils se terminent en pointe à leurs extrémités : un banc adossé contre les flancs de chaque côté, tient lieu de siége ; une toile, qui forme le berceau, sert d'abri contre les rayons

---

(1) Le Laboureur. *Mazur.* Tom. II.

(9)

brûlans du soleil du midi , tandis que coiffée d'un vaste
chapeau de paille , et toujours d'une propreté recherchée,
une aimable et jolie batelière manie les rames avec
adresse, et fait courir la barque avec rapidité sur les eaux.

A neuf heures du matin , le Lundi de Pâques 1816, je
quittai le port Neuville, sur le quai de Serin , dans une
beche , en compagnie de six personnes. En face, le rocher
de Pierre-Scize semble sortir du sein des eaux ; autrefois
la Saône en baignait le pied , et s'avançant, pour ainsi
dire, au-dessus du quai, ce rocher dominait parfaitement
la rivière ; mais on en a fait sauter une partie pour élar-
gir ce quai , et j'en ai vu moi-même les éclats couvrir les
lieux environnans.

A l'époque où les archevêques de Lyon étaient seigneurs
temporels de cette ville (1) et de tout le comté, un château
fort, appelé château de Pierre-Scize, placé au sommet du
rocher, tenait la ville en bride, et contribuait à sa défense
de ce côté. En 1312 , Philippe-le-Bel acquit de l'archevêque
la propriété de Lyon : celui-ci ne se réserva que le château de
Pierre-Scize. Le cardinal Alphonse de Richelieu , archevêque de Lyon et frère du célèbre ministre , le vendit cent
mille livres à Louis XIII, en 1635, et il servit de prison à
Cinq-Mars et à de Thou. Une source d'eau d'une fraîcheur
agréable, après s'être fait jour à travers les fentes du rocher,
promène ses eaux limpides dans ces lieux âpres et sauvages.
Le château n'existe plus ; il a été détruit en 1793.

Le rocher de Pierre-Scise (*Petra-incisa*), est ainsi appelé
parce qu'à sa forme abrupte on croirait qu'il a été taillé à

---

(1) Les archevêques étaient devenus seigneurs temporels de Lyon,
par la donation faite de cette ville et de son comté, par Conrad
le pacifique, roi de Bourgogne, à son fils Burchart, archevêque
de Lyon.

pic par la main des hommes , plutôt que par celle de la nature. La tradition veut même qu'il ait été coupé par Agrippa,
pour la construction de ses grands chemins, afin d'ouvrir
un passage à la Saône ; en effet, il a une ressemblance par-
faite avec celui qui s'élève en face sur le quai de Serin , et
ces deux rochers paraissent n'avoir formé qu'une masse
unique. Spon est entré dans quelques détails à ce sujet; on
peut consulter *ses Recherches des antiquités et curiosités de
la ville de Lyon* (1).

A peu de distance du rocher de Pierre-Scize , tout le
monde , en vous montrant du doigt le coteau qui s'élève
brusquement, vous dira que se voyait autrefois dans ces
lieux le tombeau des Deux Amans.

Ce tombeau fut construit dans cette branche des grands
chemins d'Agrippa, qui menait de Lyon à l'Océan (2). De
Rubys et Paradin avaient fait sur la destination de cet édifice , que généralement on appelle dans le pays *Tombeau
des Deux Amans*, diverses conjectures ; Spon, lui-même,
cet auteur si judicieux , n'avait osé émettre un avis au milieu des opinions contradictoires. L'abbé Colonia (3), après
avoir réfuté , avec beaucoup de sens , De Rubys et Paradin,
a trouvé que cet édifice fut élevé à la mémoire d'un frère et
d'une sœur qui s'aimèrent tendrement. Cette idée lui a été
suggérée par une inscription dont le marbre original se conservait à la maison de campagne de M. Brossette , et qui
fut découverte dans le faubourg de Vaise, où elle avait
sans doute été transportée après avoir été enlevée du tom-

---

(1) Pag. 114 et suiv.

(2) Agrippa fit faire à Lyon , quatre grands chemins ou voies
militaires : l'une menait aux Pyrénées, la seconde à l'Océan , la
troisième se dirigeait vers le Rhin , la quatrième conduisait à
Marseille.

(3) *Hist. litt. de Lyon.* T. I, pag. 285.

beau. D'abord, ce frère se nommait *Amandus*, c'était par conséquent le nom de sa sœur, le style de l'inscription et de l'architecture du temple paraissent être du même siècle ; le terme de *sibique amantissimœ* n'est pas certainement du tems d'Auguste ; enfin, les noms d'*Arvescius-Amandus*, et d'*Olia Tributa*, sont gaulois et habillés à la romaine ; ils prouvent que cette inscription fut faite et le tombeau élevé pour des habitans du pays.

D. M.

ET MEMORIAE AETER

NAE OLIAE TRIBUTAE

FEMINAE SANCTIS

SIMAE ARVESCIUS

AMANDVS FRATER

SORORI KARISSIMAE

SIBIQVE AMANTISSI

MAE P. C. ET SVB ASCIA

DEDICAVIT.

Aux Dieux mânes, et à la mémoire éternelle d'Olia Tributa, femme très-sage ; Arvescius Amandus, frère chéri, a élevé ce tombeau à une sœur bien aimée. (1)

Du reste, ce monument n'existe plus ; il a été détruit en 1707, au grand regret des gens de lettres, sur l'espérance de trouver dans ces fondemens quelqu'éclaircissement sur sa destination ; et nous pensons, quant à nous, que l'abbé Colonia a parfaitement résolu la question.

Par delà les portes de Lyon, un monument se montre sur la main droite, et domine la rivière. C'est la tour de la Belle-Allemande. Elle s'élève solitaire sur le bord des eaux ; à la

____

(2) Il seroit trop long d'expliquer ici le mot *ascia*. Voyez Colonia, *Hist. litt. de Lyon*, T. I, pag. 256 et suiv.

voir dans l'éloignement, on la prendrait pour une colonne, reste majestueux de quelque antique édifice. Placée sur le revers du coteau de la Croix-Rousse, à plus d'un quart de lieue du rocher de Pierre-Scize, elle fait partie de l'ancien château qui, dans ce moment, appartient à M. le baron Vouty, qui en a pris le nom de Vouty de la Tour.

Le diamètre intérieur de cette tour, est de 4 mètres 20 centimètres (12 pieds 11 pouces 2 lignes 69 centièmes), et le diamètre extérieur, de 5 mètres 60 centimètres (17 pieds 2 pouces 11 lignes 7 centièmes) à la base, qui se réduit à 5 mètres 16 centimètres (15 pieds 10 pouces 7 lign. 95 centièmes) au sommet. Elle renferme un escalier tournant à noyau plein, composé de 133 marches en pierres de taille, dont chacune a 18 centimètres (6 pouces 7 lignes 82 centièmes) de hauteur, et de 22 marches en bois de 20 centimètres (7 pouces 4 lignes 69 centièmes) de hauteur, ce qui donne 28 mètres 34 centimètres (86 pieds 2 pouces 9 lignes) pour l'élévation de la tour depuis le sol jusqu'au niveau de la plate-forme, qui est recouverte en plomb, et à laquelle on parvient en soulevant une trappe. Cette tour est surmontée d'un parapet ou rebord d'un mètre d'élévation (3 pieds 11 lignes 44 centièmes) portant des piliers de 1 mètre 50 centimètres de hauteur (4 pieds 7 pouces 5 lignes 16 centièmes), reliés par un architrave (1).

Ce monument forme un belvédère très-élevé : de ce lieu, un ami de la nature peut librement promener ses regards sur une grande étendue de la Saône, dans sa partie supérieure ; mais du côté de la Croix-Rousse la vue est masquée par les hauteurs qui ferment Lyon dans le nord.

Cette tour est placée sur le domaine de Champ qui appartint, vers le milieu du seizième siècle, à Pellonne du

____

(1) Renseignemens donnés par M. Cayenne.

Bonzin, dame de Challiouvre, épouse en secondes noces de Jean Cleberg, surnommé le *Bon-Allemand*. Par sa beauté, cette dame mérita le nom de *Belle-Allemande*, qu'elle a transmis à cette tour (1).

J'ai beaucoup entendu vanter la beauté des rives de la Loire dans la Touraine : sans les avoir vues, je me crois fondé à penser que les sites charmans de la Saône balancent du moins leur réputation, s'ils ne méritent pas la préférence. « *Qu'ils sont enchanteurs, ces bords rians* » *de la Saône*, s'écrie Madame la baronne de Krudener (2); » *ces délicieux environs de l'Ile-Barbe ! que d'ombrages* » *heureux ! que de vallées mystérieuses !...* »

Parvenus au-delà de la tour de la Belle-Allemande, le plus beau spectacle vint s'offrir à nos regards : le zéphir de sa fraîche haleine ridait légèrement la surface de la Saône, qui, au mouvement lent de ses eaux paresseuses, semble ne quitter qu'à regret ces coteaux délicieux, dont elle baigne le pied. La verdure des arbres, l'extérieur élégant des maisons de plaisance éparses çà et là ; une foule immense de piétons et de cavaliers, une longue file de voitures, depuis l'humble fiacre jusqu'au plus brillant équipage, une flotte nombreuse de beches qui s'avançaient rapidement vers l'île, le bruit des rames, les chansons joyeuses des batelières et des passagers, mêlées à des fanfares parties du milieu de la flottille, tout enfin semblait se réunir pour faire un tableau unique et pour redoubler la gaîté universelle, tandis que dans le lointain, le son solennel de la grosse cloche de l'église métropoli-

---

(1) *Voyez* la notice de M. Marnas, avocat, et l'un des administrateurs des hospices civils de Lyon, sur Jean Cleberg, vulgairement nommé *Fleberge* ou *Homme de la Roche*, au sujet du rétablissement de la statue de ce bon citoyen.

(2) Lettre inédite à M. Bérenger, de l'académie de Lyon.

taine de Saint-Jean-Baptiste, apporté par le vent, retentissait à mon âme, et lui faisait éprouver un certain sentiment de mélancolie (1).

Bientôt la pointe méridionale de l'Ile-Barbe se montra au-dessus des eaux : mille voix la saluèrent à l'envi. Tout le monde s'apprête à descendre. Enfin, nous y touchons ; et, comme s'il craignait que cette terre si désirée, que cette terre, le théâtre prochain de ses plaisirs, ne lui échappe, chacun s'y élance avec empressement.

Quiconque n'aurait vu l'Ile-Barbe qu'à cette époque, ne pourrait s'imaginer, à l'aspect de cette foule immense qui encombre ce coin de terre, qu'il soit désert une partie de l'année. On ne peut s'empêcher de sourire en voyant réunis dans un même lieu des individus de tous les rangs et de toutes les classes. Dans ce beau jour, si cher aux Lyonnais, et après l'arrivée duquel ils soupirent toute l'année, l'île est une espèce de foire où se débitent toutes sortes d'objets ; des tentes placées sous les arbres de la plantation qui, de la queue de l'île, s'étend jusqu'aux premières maisons du bourg, recélent les comestibles, et des tables dressées sous le beau feuillage des tilleuls, invitent le passant à s'y arrêter ; des orchestres, des jeux, sont placés çà et là : d'un côté on voit des danseurs, sur un autre point le baladin sur des tréteaux appelle les curieux ; l'affluence est prodigieuse, le peuple s'y livre sans réserve à tout l'excès de sa joie, et l'observateur peut, d'un coup-d'œil, connaître ici et le peuple de Lyon et celui d'alentour.

Le Laboureur dit que vers l'an 1200, la foule était si grande à la fête de Saint-Martin, que l'on était obligé de

---

(1) Cette cloche est l'une des plus grosses de France ; elle pèse 30,000 livres, et il faut seize hommes pour la mettre en branle. Son nom est *Anne d'Autriche.*

mettre des gardes pour veiller nuit et jour à ce qu'il ne se
commît aucun excès; cette précaution cessa avec le tems,
et le peuple en profita. L'enquête de 1551 , citée plus haut,
dit que des individus s'introduisaient jusque dans le monastère et y dansaient. Un des abbés ayant voulu clore le pré,
pour faire cesser ces amusemens profanes , le peuple ren-
versa les murailles.

Je laissai les heureux Lyonnais oublier leurs peines de
toute l'année , et j'allai faire quelques observations.

Barbe est la corruption de *Barbara,* de même qu'on appelle *Barbes* les chevaux venus de la Barbarie; aussi les anciens titres ne lui donnent que ce nom (1). L'aspect âpre et
sauvage de ce coin de terre, les ronces dont il était hérissé ,
la nature sèche et pierreuse du sol, le lui firent donner par
ses premiers habitans.

Vue des hauteurs environnantes, l'Ile-Barbe ressemble à
un navire échoué au milieu des eaux; elle s'élève au milieu
de la Saône au nord de Lyon , à 2600 mètres de l'extrémité du faubourg de Serin , et à 5000 mètres du pont du
Change, ce pont est à peu près sur la même ligne que l'observatoire du grand collége de Lyon ; or, les observations
astronomiques très-exactes du baron de Zach , lui ont donné
pour la latitude de cet observatoire 45° 45' 57″ nord. Nous
aurons donc pour celle de l'Ile-Barbe 45° 47' 30″ nord, environ (2). La longueur de l'île est de 550 mètres ou 1693
pieds 8 pouces 5 lignes ; sa plus grande largeur de 120 mètres ou 369 pieds 6 pouces 5 lignes (3). Dans la partie sep-

---

(1) *Leydrad. Epistol. ad Carol. Mag.* Leydrade, 52ᵉ archevêque
de Lyon et bibliothécaire de Charlemagne , fut, selon Eginard,
l'un des témoins qui signèrent au testament de ce prince , en 811.

(2) En faisant abstraction d'un tiers de ces 5000 mètres , à cause
de la courbe de la rivière.

(3) Renseignemens donnés par M. Cavenne.

tentrionale, un rocher âpre et assez élevé pour n'être ja-
mais inondé par les hautes eaux, force la Saône à se diviser
en deux bras; celui de droite à 60 mètres ou 184 pieds 9
pouces 3 lignes dans sa partie la plus étroite; celui de
gauche, 70 mètres ou 215 pieds 6 pouces 9 lignes : c'est
le seul navigable pour le commerce, et le chemin de hal-
lage s'y trouve (1). Depuis ce rocher, l'île va en diminuant
jusqu'à son extrémité méridionale; là, elle se termine en
une pointe sablonneuse où abordent les beches et autres bateaux. De ce point, le terrain s'élève graduellement, et dans
la partie centrale, on remarque une éminence qui domine
le reste de l'île.

Le rocher forme la base de l'île; il est apparent depuis
la tête jusqu'aux points M et N; on le reconnaît encore
aux points O et P, et à la queue de l'île, il s'élève peu au-dessus
de l'eau, aux points Q et R. La nature du sol est sablonneuse, et tout fait juger que l'île ne fut d'abord qu'un rocher recouvert insensiblement de sable et de terre végétale
par la Saône. Sur ce sol qu'on croirait peu susceptible de
culture, viennent parfaitement plusieurs sortes d'arbres.
Le sycomore, le tilleul, l'orme et le maronnier, forment
cette belle plantation disposée en allées charmantes; elle a
200 mètres de longueur depuis la queue de l'île jusqu'à la
première maison du bourg; elle est très-agréable durant
les chaleurs de l'été; les jardins particuliers sont bien
fournis en arbres à fruits, et ceux de pur agrément n'y
manquent point. Autrefois, on voyait dans l'île un grand
nombre de noyers d'une grosseur prodigieuse, qui fournis-
saient aux religieux de l'abbaye et aux habitans du bourg,
un ombrage délicieux pendant l'été, et des fruits pendant
l'automne; mais d'Espinac, archevêque de Lyon et abbé

----

(1) Renseignemens donnés par M. Cavenne.

du monastère, les fit jeter à bas, par un grand froid,
vers 1590.

Les eaux de source qui jaillissent du rocher sont dures ; leur
qualité est pétrifiante : il est aisé de s'en convaincre par l'épitaphe de ce vétéran de la 35e légion romaine, surnommée
la Pudique, qui a formé long-tems l'auge où se déchargeait
l'eau d'une fontaine du bourg de l'île près de l'église, et non
loin de l'abbaye. Du tems de Spon, les lettres en étaient
déjà à moitié effacées. Il serait possible d'augmenter le volume de ces eaux, en imitant les religieux, qui amenèrent
autrefois celles du continent, au moyen de tuyaux qui
traversaient la rivière (1).

Les propriétés particulières s'étendent jusqu'au bord de
l'eau. On ne peut donc faire le tour de l'île à pied ; quant
à l'intérieur, on y pénètre par un seul point, passage très-
étroit, formé par les murs de l'église et une maison bour-
geoise ; de là, on peut circuler, à l'exception d'un seul
côté formé par les restes de l'ancienne église de Saint-Loup,
autour d'une masse de bâtimens particuliers qui occupent
l'emplacement de l'ancienne abbaye, dont l'œil attristé
au souvenir de ce qu'elle fut autrefois, reconnaît encore
quelques arcs du cloître. La petite église dont on vient de
parler et qui sert de paroisse à l'île, a été construite sur
l'emplacement de cette chapelle, bâtie par l'abbé Hogier
en 840, en l'honneur de la mère de Dieu ; elle s'élève sur
une pointe de roches sans cesse baignée par les eaux. On
reconnaît encore le clocher et une partie de la nef de l'ancienne chapelle, qui avaient résisté à l'incendie de 1562, et
Marie continue d'y recevoir les hommages des mortels.

Avant la révolution, le petit bourg de l'Ile-Barbe était
exempt du logement des gens de guerre et de toute contri-
bution. Celui qui aurait vû l'île à cette époque, ne la re-

____

(1) Le Laboureur. *Mazur.* Tom. I.

connaîtrait plus aujourd'hui. Quoique l'absence des propriétaires, qui n'y viennent que dans la belle saison et momentanément, la rende un peu triste, elle a cependant pris une teinte plus gaie ; les vieilles constructions de nos ancêtres ont fait place à des maisons charmantes, les arbres se sont alignés et ont formé des jardins délicieux ; seulement le palais antique du vainqueur des Saxons et des Lombards, de l'illustre fils de Pepin, semble étonné de se trouver dans ces lieux à côté d'élégans édifices. L'observateur, en contemplant ces courtines rembrunies, ces restes de bastions et de tours qui, échappés à la faulx du tems, aux ravages des barbares, et à une destruction qui semblait certaine, ont traversé les siècles avec le nom de leur fondateur, sent son âme émue aux souvenirs des événemens fameux que lui rappellent ces ruines.

Charlemagne avait parfaitement choisi l'emplacement du palais qui devait être un jour sa résidence, en profitant d'une partie isolée de rocher qui s'élève au-dessus du reste de l'île, et séparée de l'église de Saint-Loup par le passage indiqué ci-dessus. Vendu comme propriété nationale au moment de la révolution, il appartient aujourd'hui à M. Delon, courtier. On doit lui savoir gré de n'avoir point sacrifié aux caprices du goût les restes de ce monument, dont l'existence est une histoire toute entière. Il en a conservé les formes et les dispositions, et nous ne pouvons que faire des vœux pour que ses descendans ou ceux qui lui succéderont dans cette propriété, nous conservent ces restes précieux avec le même soin. Malheureusement, tous les anciens édifices ne peuvent se vanter d'une pareille conservation, lui seul est resté debout, tandis que les matériaux gothiques qu'on remarque dans la construction de quelques maisons, sont des témoignages parlans des malheurs qui ont fait disparaître les anciens habitans de l'île.

La maison placée sur la partie du rocher qui forme la tête de l'île, appartient à M. Marnas, avocat. Elle a été construite sur l'emplacement d'une ancienne chapelle, sous le vocable de Saint-André et de tous les apôtres, et plus connue ensuite sous le nom de chapelle de Sainte-Anne; il en sera question plus bas.

Lors de sa persécution contre les chrétiens, Sevère, qui conservait contre les Lyonnais une haine implacable, parce qu'ils avaient embrassé le parti d'Albinus, son compétiteur à l'empire, fit fermer les portes de la ville pour que rien ne lui échappât. Cette persécution peupla l'Ile-Barbe; quelques chrétiens sautèrent par-dessus les murailles et vinrent se cacher au milieu des joncs de la Saône et des arbrisseaux sortant des fentes du rocher de l'Ile-Barbe. Deux personnes dont l'histoire nous a conservé le nom, Etienne et Péregrin, menèrent dans ces lieux une vie si exemplaire, qu'elle attira auprès d'eux plusieurs disciples; leur réputation de sainteté, qui se répandit dans le pays d'alentour, engagea un seigneur des environs, nommé *Longinus*, à réunir ces solitaires jusqu'alors séparés les uns des autres, et sans lieu de réunion; il leur bâtit une petite église sur le rocher à la pointe septentrionale de l'île (1), sous le vocable de Saint-André et des apôtres, et il fut enterré au côté gauche de l'autel. Sa fondation date de l'an 240 de J.-C.

Lorsque la religion eut fait de nouveaux progrès, le nombre des fidèles qui accoururent à l'Ile-Barbe devint plus considérable; mais l'église ne pouvant contenir l'affluence des nouveaux venus, il fallut songer à en élever une autre; elle le fut à la droite de l'île, sous le vocable de Saint-Martin de Tours : à cette époque, les religieux étaient de vrais Anachorètes; ils habitaient, chacun séparément, des cellules, vaquans à la prière pendant toute la semaine, et

---

(1) La maison de M. Marnas l'a remplacée.

n'en sortaient que le dimanche pour se trouver au grand couvent, à côté duquel, dans un roc tailé exprès, vivait l'abbé du monastère. Le lieu même de cette île, pour nous servir des expressions d'un auteur (1), dont le silence et la quiétude sont si propres à la méditation, prouve que ses habitans, qui ne pouvaient s'adonner aux exercices corporels et au travail des mains, dans un espace aussi étroit et aussi aride, étaient obligés de chercher quelqu'autre emploi, et de s'appliquer à la lecture et à l'écriture des bons livres· Un certain nombre d'années plus tard, Loup, que sa vertu et sa piété ont fait mettre au nombre des saints, vint demeurer dans l'île; son mérite l'éleva plus tard au siége archiépiscopal de Lyon.

Sous l'abbé Licinius, contemporain de Clovis II, fils de Dagobert, les moines avaient quitté leur ancien institut, pour embrasser la règle de Saint-Benoît, comme tous les autres monastères de France, car auparavant, ils suivaient celles des moines d'Orient.

En 65o, et dans la troisième année de son régne, ce prince donna une charte en faveur de l'abbaye, et lui céda des terres considérables ; j'ai sous les yeux cette charte; elle confirme les donations faites à l'abbaye par Dagobert (2). Clovis y prend les titres de: *Imperator Augustus, Imperator dulcissimus*. Elle fut octroyée le 5 des kalendes de Mars, *in monte laudano, præsente populo*.

En 728, les Visigots détruisent le monastère; il resta néanmoins dans l'île quelques religieux, et ce malheur, qui semblait devoir être la ruine de l'abbaye, lui fut au contraire avantageux.

Charlemagne en entendit parler; le bien qu'on lui dit de

---

(1) Le Laboureur. *Mazur*. Tom I.
(2) La charte de ce prince est perdue.

l'île, l'engagea à faire un voyage pour visiter un endroit si vanté. A peine l'eût-il vu, qu'enchanté de sa situation, il voulut venir s'y livrer à la retraite et au repos, dès que les grandes affaires de l'état le lui permettraient; il donna ordre à Leydrade, que d'une condition obscure il venait d'élever à la dignité d'archevêque de Lyon (1), de bâtir un nouveau monastère.

Il chargea même Théodemar, abbé du Mont-Cassin, d'envoyer quelques religieux dans l'île, et il leur donna pour abbé un nommé *Benedictus* (2), qui avait occupé de grands emplois à la cour de son père et à la sienne.

Il fit présent au monastère construit par ses ordres, d'une coupe en émeraude du plus grand prix. Son projet de s'y retirer, si la mort ne l'en eût empêché, était si bien arrêté, qu'il fit construire un château fortifié ; Leydrade y rassembla, par ses ordres, une nombreuse bibliothèque, *Libraria*. Les manuscrits qu'elle renfermait en grand nombre, furent confiés à cet archevêque. « *Monasterium regale insulæ* « *barbaræ*, dit celui-ci à l'empereur dans une lettre qui » est parvenue jusqu'à nous, et que j'ai sous les yeux, *si-* » *tum in medio Araris fluvii, recens videtur esse fundatum* » *jussu domini Caroli imperatoris, qui ibidem præfuit do-* » *minum Benedictum abbatem cum quo simùl et direxit* » *suos codices* ». A la mort de Charlemagne, on comptait quatre-vingt-dix religieux dans le monastère.

Le fils de Charlemagne, Louis le Débonnaire, n'oublia pas un lieu qui avait été l'objet de la prédilection de son père; il accorda à Campio, abbé de l'île, la permission

______

(1) *Leydrad. Epist. ad Carol. Magn.* « *Olim me Exiguissimum* »*famulorum vestrorum ad regimen Ecclesiæ Lugdunensis desti-* » *nare voluistis*, et. etc. »

(2) Benoît d'Aniane, *Scriptor. Histor. Franc.* Tom. II.

d'entretenir trois bateaux sur le Rhône, la Saône et le Doubs, et destinés à l'approvisionnement de l'île : ils devaient être francs de toute redevance, et il y est fait défense à tous individus de toucher au bris de ces bateaux dans le cas où ils viendraient à faire naufrage. J'ai cette charte sous les yeux (1) ; elle est datée du trois des ides de Novembre l'an 816, indiction 9, dans la 3ᵉ année du règne de ce prince, qui y prend le titre de *serenissimus augustus*. Elle se termine par ces mots : *Actum Aquis-grani in Palatio regio in dei nomine feliciter*.

L'empereur Lothaire confirma, par une nouvelle charte, les priviléges accordés à l'abbaye, par Louis le Débonnaire, mais elle est perdue ; Charles, roi de Provence, troisième fils de ce Lothaire, et frère d'un autre Lothaire, qui fut roi d'Austrasie, par un privilége que j'ai sous les yeux, maintient les immunités accordées à l'abbaye par son père et ses ancêtres ; elle est datée du 11 des kalendes de Septembre, indiction 9, et dans la 5ᵉ année du règne de ce prince. Son sceau est en cire blanche, réprésentant l'image sans Barbe, avec cette inscription autour : *Xre protege Carolum regem* (1).

____

(1) Cette charte est adressée aux vidames, viguiers et centeniers ; *abbatibus, ducibus, comitibus, vicariis, centenariis, telonariis ;* comme aux lieutenans des uns et des autres. Trois redevances dont devaient être francs les religieux, y sont spécifiées 1.º *le Cespitaticum*, appelé ailleurs *pulcraticum* et *rotaticum*, en français *rouage* ou *barrage ;* c'est un péage par terre pour l'entretien des ponts et chaussées. 2.º *le salutaticum*, présent qu'on faisait aux officiers du roi, en allant déclarer les marchandises ; 3.º *le cœnaticum* ou *paratœ* qui répond à nos *étapes ;* c'étoit un droit destiné à défrayer les allans et venans pour affaires publiques. Les bureaux où se payaient ces droits, se nommaient *mutationes, stationes, mantiones*, ce qui a fait quelquefois appeler ce droit *mantionaticum*.

(1) *Xre* est ici pour *Christe.* Voyez le *nouveau Traité de Diplo-*

Cette charte finit par ces mots : *Actum Mentalo , etc.*
La signature de ce prince est ainsi représentée :

$$\text{K} - \overset{\text{R}}{\underset{\text{L}}{e}} - \text{S.}$$

En 971 , sous l'abbé Heldebert , Conrad le Pacifique ,
roi de Bourgogne , confirma les priviléges déjà accordés au
monastère. Cette charte, que j'ai sous les yeux, est datée du
13 des kalendes de Septembre , an 971 , indiction 14, dans
la 29ᵉ année du règne de ce prince, qui y prend le titre d'*in-*
victissimus rex ; elle fut octroyée : *Apud Viennam civi-*
tatem publicè.

Burchart, archevêque de Lyon et fils de Conrad , ayant
reçu de celui-ci la propriété de Lyon et de son comté , accorda, du vivant de son père, une nouvelle charte en faveur
de l'île. Je l'ai sous yeux ; elle est datée de l'an 979 , indiction 7.

Ces fréquentes confirmations de priviléges, grâces et concessions de princes , nous rappellent une coutume de l'empire romain. A l'avénement d'un prince au trône , on lui
demandait, et il accordait confirmation de tout ce qui avait
été donné par ses prédécesseurs. Sans cette confirmation ,
les donations demeuraient de nul effet. Aurelius Victor en
fait mention dans la vie de Titus.

En 985 , l'abbé Heldebert construisit la belle église de
Saint-Loup, admirée des connaisseurs , et que les calvinistes
brulèrent en partie dans l'année 1562.

En 1270 , le nombre des religieux était réduit à 40.

En 1507, les religieux n'étaient plus que 30.

En 1549, aux ides de Mars, l'abbaye fut sécularisée.

En 1562, les calvinistes s'étant emparés de Lyon, où ils

---

matique , par deux religieux bénédictins de la congrégation de
Saint-Maur.

détruisirent plusieurs églises, se portèrent à l'Ile-Barbe, et il s'y commit des désordres étranges, dit Le Laboureur (1). Les Saints, protecteurs de ce lieu, furent dépouillés de leurs ornemens, les reliques dispersées, les cloches fondues, à l'exception de la grosse qui, n'ayant pu être cassée, fut jetée dans la rivière, où elle est encore ; les paremens des fêtes, la coupe d'éméraude, la grand'croix d'or, furent emportées, et en général toutes les libéralités de Charlemagne et de ses enfans. Tous les titres furent brûlés ou dérobés, la châsse de St.-Loup enlevée, les maisons réduites en cendres, et de cette belle église réparée ou plutôt construite en 985 par l'abbé Heldebert et dont on admirait l'architecture, on n'aperçoit plus que des murs sillonnés par le feu. Après la retraite des calvinistes, les paysans des environs se jetèrent à leur tour dans l'île ; ne pouvant trouver ni or, ni argent, puisque tout avait été pillé, ils emportèrent le plomb, le fer et jusqu'aux pierres même.

Après une catastrophe aussi complète, le monastère ne se rétablit que lentement, ce ne fut même qu'en 1620 que l'église de Saint-Loup fut remise en état, mais il ne fit que languir ; devenu abbaye royale, il subit un changement plus important en 1740, puisque l'abbaye ou mense abbatiale fut réunie au chapitre de l'église de Lyon ; on y plaça de vieux prêtres, qui y trouvaient une retraite agréable, et ce n'est qu'à la révolution qu'on a détruit les églises et vendu les propriétés.

L'abbaye de l'Ile-Barbe était indépendante de la cathédrale de Lyon, quoique toutes les autres du pays en dépendissent et lui appartinssent par les concessions de plusieurs princes ; elle avait un grand nombre de vassaux, dont il serait trop long de faire ici l'énumération ; elle ne

---

(1) Le Laboureur. *Mazur.* Tom. I.

relevait que de l'archevêque, aussi les moines choisissaient pour abbé celui qui leur convenait, et c'est par suite de cette prérogative qu'ils se disaient : *Dei gratiá , miseratione diviná.* Ils payèrent d'abord une livre d'argent à l'archevêque, au moment de leur nomination, mais le pape Lucius III les affranchit de cette redevance.

Les abbés avaient le droit de porter la mître et la crosse. Ils étaient vicaires nés et coadjuteurs de l'archevêque de Lyon. Ils s'étaient acquis une si grande réputation, par leurs vertus, que les archevêques, pleins de confiance en eux, leur confiaient le soin de visiter leur diocèse pendant leur absence et même en leur présence, lorsque leurs occupations ne leur permettaient pas ; il en était de même, lors des vacances du siége de Lyon ; les chanoines de cette ville leur confiaient la direction du diocèse, jusqu'à l'élection d'un nouveau prélat.

SUPPLÉMENT.

Voici l'épitaphe de ce vétéran de la 35ᵉ légion, surnommée *la Pudique*, dont nous avons parlé plus haut.

ET QVIETI AETERNAE

AVLINI ANTONI VET.

LEG. XXXV PVDIC. TITIAE

D   PRIVATAE CONIVGI EIVS   M

VIVI SIBI ET POSTERIS QVE

SVIS PONENDVM CVRAVER

ET SVB ASCIA ·DEDICAVER.

Cette épitaphe est la seule qui ait échappé au ravage du tems et aux deux bouleversemens de l'abbaye. Spon en avait vu une autre qu'il nous a conservée heureusement.

D. M.

ET MEMORIAE

AETERNAE C. ANNII

FLAVIANI VET EX LEG. XXX

ANNIVS RESPECTVS ET IVLIA

RESTITVTA FILIVS ET CONIVNX QVAE

VI . . . .

Cette pierre était autrefois enclavée dans le mur de la cour qui se trouvait devant l'église de Saint-Loup. C'est un vétéran de la 30ᵉ légion (1).

---

(1) Plusieurs inscriptions rapportées par Spon et Paradin, donnent les noms des diverses légions romaines qui ont stationné à Lyon ou dans les environs ; ce sont : la 1ʳᵉ dite *Minervienne*, la 2ᵉ, la 3ᵉ dite *Gauloise*, la 21ᵉ, la 22ᵉ, la 30ᵉ, la 35ᵉ dite *la Pudique*, et la 36ᵉ ; le vétéran de cette dernière avait 90 ans.

Aux deux côtés de cette pierre , était un bas-relief re-
présentant les quatre saisons ; le printems tenait une cor-
beille de fleurs ; l'été, une d'épis ; l'automne montrait
ses raisins , et l'hiver , la tête couverte d'un voile , se dis-
tinguait par un lièvre à la main, comme dans les médailles
antiques.

Paradin a vu celle - ci devant la grande porte de la
grande église.

D. M.

ET MEMORIAE AETERNAE

ATTONI CONSTANTIS (I)

VET. LEG. XXII PREMISS

VS HONESTA MISSIO

NE CASTRIS INTER CE

TEROS CONVETERA

NOS SVOS REVOCATVS

QVIQVE BELLO INTER

FECTVS OBIIT ATTIA

FLORENTINA CON

IVGI CARISSIMO

ET SIBI VIVA PONEN

DVM CVRAVIT ET SVB

ASCIA DEDICAVIT.

---

(1) Peut-être faut-il lire *Antoni*.

NOTICE

SUR LA BIBLIOTHÈQUE DE CHARLEMAGNE.

Nous allons rapporter ici les propres paroles de M. Delandine, qui vient de mourir bibliothécaire de la ville de Lyon, et nous donnerons ensuite, d'après son catalogue, la notice des manuscrits qui, échappés, mais en bien petit nombre à la dévastation de l'abbaye en 1562, puis à un autre ravage plus cruel encore peut-être, deux siècles et demi plus tard, se voient encore dans la bibliothèque de Lyon, comme ces restes infortunés de quelque nation détruite par une grande calamité.

« Il faut que la bibliothèque de l'Ile-Barbe fût bien considérable, puisque malgré ces ravages (la destruction par les calvinistes en 1562), Antoine d'Albon, qui était alors abbé du monastère, put encore retirer de ses ruines un assez grand nombre de manuscrits, qu'il fit porter aux archives de Saint-Jean ; il en trouva surtout deux très-remarquables, et dont on lui doit la publication.

Le premier était les Commentaires de Rufin, prêtre d'Aquilée et ami de St-Jérôme, sur les soixante-quinze pseaumes de David. En parcourant, dit Antoine d'Albon, ces vénérables restes d'une bibliothèque si opulente, je trouvai le manuscrit de ces commentaires sur parchemin, offrant les caractères et les marques de la plus haute antiquité. *Offendi commentarios Rufini notis et caracteribus qui summam antiquitatem præ se ferent descriptos, et membranis propè modum exesis ac ipsâ vetustate, et situ attritis commendatos.*

Le second monument sorti de la bibliothèque de l'Ile-Barbe, a fait époque dans l'histoire des lettres ; ce sont les

Œuvres d'Ausonne, dont on n'avait qu'une faible idée, et qu'on ne connaissait pas encore entières. Le manuscrit de l'île en fit reformer le texte, y restitua des passages omis, et fournit un grand nombre de pièces qui, jusqu'alors, avaient été inconnues. Il fut publié par les soins d'*Etienne Charpin*, aux frais d'*Antoine d'Albon*.

Outre les deux manuscrits dont on vient de parler, les archives de l'église métropolitaine de Saint-Jean de Lyon en renfermaient plusieurs autres également tirés du monastère de l'île. La bibliothèque de Lyon, dans ces derniers tems, les a soigneusement recueillis, et ces restes vénérables y offrent encore les traits de l'antique écriture carlovingienne ou caroline (1), la preuve de la munificence de Charlemagne, et de son affection pour cette cité.

MANUSCRITS DE CHARLEMAGNE

Existans aujourd'hui à la Bibliothèque de Lyon.

Constitutiones et Novellæ imperatorum, f°. Ce manuscrit antique et précieux est altéré à la fin et au commencement, rongé sur les marges ; il est sur vélin, avec les ru-

---

(1) L'Ecriture caroline ou carlovingienne n'est autre chose que la romaine renouvelée au 8.ᵉ siècle. Cette écriture usitée dans les Gaules, et sous les rois de la première race, dégénéra sensiblement pendant le 7.ᵉ. Dès le règne de Pépin, et même un peu auparavant on commença à la rectifier ; mais c'est à Charlemagne qu'appartient l'honneur du renouvellement du caractère de cette écriture, qui fraya le chemin aux caractères d'imprimerie. Charlemagne n'en fut point l'inventeur, il était vrai, puisque parmi les manuscrits du 6.ᵉ sciècle en France, on en trouve de ce caractère, mais il lui donna beaucoup de cours et de célébrité. Voy. *le Nouveau Traité de Diplomatique* par deux bénédictins de la Congrégation de Saint-Maur. T. II et III.

(3o)

briques en rouges. L'écriture à longues lignes, date de l'an 85o environ.

Biblia latina , f° 2 vol, 6oo pag. chacun. Cet antique manuscrit de l'an 8oo environ , est sur vélin à deux colonnes ; l'écriture en est grosse et lisible. Les premiers et derniers feuillets sont altérés , leurs frontispices manquent.

Biblia latina , f°. 2oo pag. Ce manuscrit, très-antique, date de l'an 85o environ. Le caractère est carlovingien sur vélin à trois colonnes. Il manque des feuillets en tête et à la fin du volume, qui ne commence qu'au 33ᵉ v. du 26ᵉ chapitre de la Genèse.

Psalmi Davidis , in-4°, 12o pag. Ce manuscrit date de l'an 78o environ; il est à longues lignes sur vélin très-fin ; l'écriture en est carlovingienne grosse, nette, toute formée de majuscules ; mais il n'en reste malheureusement que quelques feuillets.

Psalterium Davidis , in-4°, 5oo pag. bois. Ce manuscrit date de 8oo à 9oo ; il est sur vélin à deux colonnes, excepté la préface, qui est à longues lignes.

Libri esdrœ et Machab. et hester, in-4° , 16o pag. Manuscrit à longues lignes , sur vélin ; il date de 8oo à 9oo.

Origenis commentarii in sanctam scripturam, f° 6oo pag. Ce manuscrit date de la fin du 8ᵉ siècle ou de 78o environ ; l'écriture en est carlovingienne , à longues lignes sur beau vélin; les initiales sont formées de poissons coloriées , du reste sans autre ornement.

Commentarius super scripturam sanctam, f°. 3oo pag. Il est sur vélin à longues lignes , date de l'an 1ooo ; il manque quelques feuillets au commencement et à la fin.

Sancti-Isidori, *fragmentum,* f°. 8o pag. Ce manuscrit est à longues lignes , date de l'an 8oo.

Expositio allegorica in libros regum, in-4°. 6oo pag.

Ce manuscrit est très-bien conservé sur beau vélin à longues lignes, avec le texte de la Bible en rouge. L'écriture est nette, lisible, et date du 8e siècle.

Sanctus Augustinus *super psalmos 101, 102, 103,* in-4° 360 pag. Il est sur vélin à longues lignes, avec les titres en couleur; l'écriture date de 850 à 900.

Commentarius in psalmos, in-4° 500 pag. Il est sur vélin, altéré au commencement et à la fin, et renferme depuis le pseaume 51 jusqu'au 133e. Le caractère en est carlovingien, et date de 750 à 800.

Explanatio in Isaiam *prophetam,* in-4° 500 pag. Il y manque quelques feuillets au commencement et à la fin. Il est sur vélin à longues lignes.

Commentarius Hieronymi *in* Icremiam *prophetam,* in-4° 400 pag. Ce manuscrit antique, de l'an 800 environ, en caractères carlovingiens, est sur vélin à longues lignes.

Commentarius in evangelia, f°. 200 pag. Ce manuscrit gothique est à longues lignes, sur parchemin; le commencement et la fin manquent.

Divi Augustini *de consensu et concordiâ evangelistarum,* in-4° 700 pag. Ce manuscrit très-ancien, écrit à longues lignes, est en caractères carlovingiens. Il est sur vélin, assez bien conservé, quoiqu'ayant plus de 1000 ans.

In epistolas sancti Pauli *explanationum libri,* in-4° 400 pag. Ce manuscrit est sur vélin blanc et très-fin, à longues lignes, sans ornement, en caractères carlovingiens très-nets et très-lisibles; il date de l'an 800. Le tems en a altéré le commencement et la fin. On voit en marge, dans de petits cartouches bleus, les citations des passages.

Liber apologeticus Sancti Gregorii *Naziaseni* à Rufino *Presbytero de Greco in latinum translatus,* f°. 200 pag. Ce manuscrit est sur vélin, sa fin est mutilée et les dernières pages manquent. Ce qui le rend précieux, c'est qu'il a appartenu à Leydrade , bibliothécaire de Charlemagne, à l'Ile-Barbe.

Sancti Hieronymi *epistolæ* , f°. 100 pag. Ce manuscrit est sur beau vélin, à longues lignes ; l'écriture est antique, correcte, lisible : elle date de 800 à 900. Il est mutilé au commencement, dont plusieurs feuillets manquent.

Sancti Augustini *opera* , f°. 500 pag. Ce manuscrit très-ancien , de l'an 900 environ, est sur vélin , à longues lignes , d'une écriture nette et assez bien conservée ; c'est un recueil d'opuscules.

Sancti Augustini *libri de civitate dei* , petit f°. 700 pag. Manuscrit sur vélin, à deux colonnes, sans ornement , assez bien conservé : il date de l'an 800 à 900 (1).

Sanctus Augustinus *de perfectione justitiæ, de naturâ et gratiâ , de libero arbitrio , de bono perseverentiæ , de corruptione* , in-4° 400 pag. Ce manuscrit est sur vélin , à longues lignes : l'écriture en est grosse, lisible et du 8e siècle. Il a appartenu à Leydrade , qui le tira de la bibliothèque de l'Ile-Barbe , pour le donner à l'église de Saint-Etienne à Lyon en 799. La pluie en a jauni les extrémités.

Sancti Isidori *libri officiorum* petit f°. 700 pag. Manuscrit sur vélin , à deux colonnes, avec les rubriques en rouge, et les capitales coloriées ; l'écriture en est de 800 à 850. Les derniers feuillets ont été un peu gâtés par l'humidité.

---

(1) Charlemagne aimait beaucoup cet ouvrage ; son exemplaire était annoté de sa main , ce qui prouve incontestablement , malgré l'opinion de quelques personnes , que ce grand prince savait lire.

(Perrin.)

F I N.

SAONE RIVIERE

Légende.

a Emplacement de l'ancienne Abbaye
b Palais de Charlemagne
c Plantation
d Ancienne chapelle de St Loup.
e.f Arcs de l'ancien cloître.
g Eglise et Presbytère.
h.i.k.l Passage.
m.n.o.p.q.r rocher

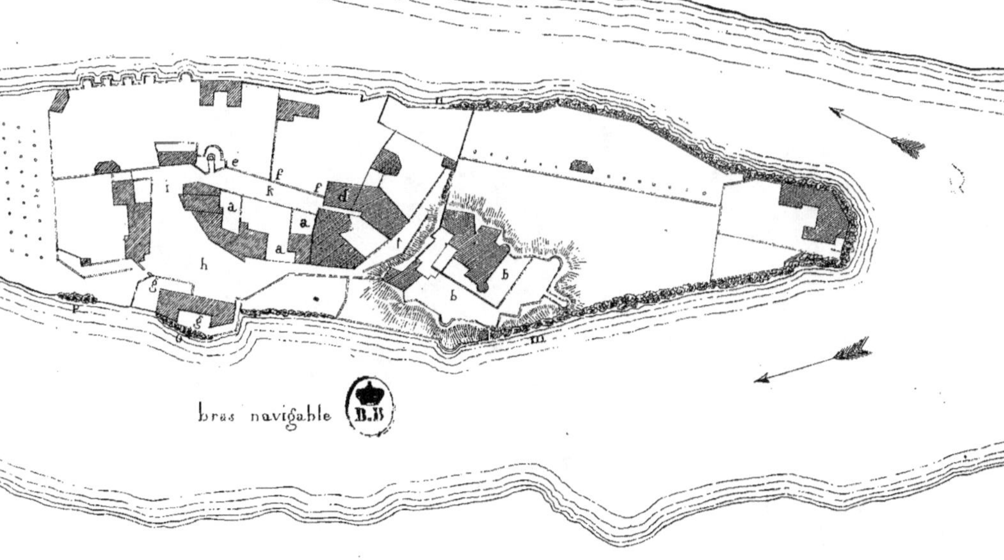

Plan de l'Ile-Barbe près Lyon

BIBLIOTHEQUE NATIONALE DE FRANCE
3 7531 04426178 3